ここに子どもの声がする

もうひとつの学校

写真・文
宮原洋一

新評論

まえがき

一九七〇年代のはじめは、全国で公害が大きな社会問題化し、高速道路が整備され、各地で土地ブームが起こり、東京の郊外でも宅地開発が急激に行われた時代だった。テレビでは、ドリフターズの『八時だヨ！　全員集合』がはじまり、『ウルトラマン』、『仮面ライダー』に男の子たちは夢中になり、着せ替え人形の「リカちゃん」が女の子たちの心を奪った。また、共働きの家庭が増え、「カギっ子」の時代でもあった。

この時代の子どもたちは町のなかでよく遊んでいた。そこは、子どもたちにとって、ものの見方、感じ方、考え方に大きな影響を及ぼす「もうひとつの学校」でもあった。「もうひとつの学校」は、町のなかのそこここにあり、子どもたちはどんなあそびをするかによって自由にあそび場を決めていた。そして、子どもたちは、そこでいつもの仲間とあそぶこともひとりで過ごすこともできた。「ガキ大将も」いれば「みそっかす」もいた。その場にあわせて、あそびを自分たちの力でおもしろくしていった。

「もうひとつの学校」の時間はゆるやかに流れており、そこでの時計は「腹時計」や「日暮時計」だった。おとなたちも、大事に至るような危ない場所以外は子どもが入り込んであそんでいても目くじらを立てるようなことはしなかった。「日暮時計」もうまく巡っていて、ひとり欠け、ふたり欠けしていくうちに、あそびは自然に潮が引くように終わっていった。子どもにしてみれば、おとなから適当に放っておかれる開放感にたっぷり浸《ひた》ることができたわけだ。

ところが、一九七〇年代の後半になると、あそびながら時間を気にする子どもが出てきた。撮影《さつえい》していると、「おじさん、いま何時」と聞かれることが多くなってきたのだ。当時、学校での「落ちこぼれ」が問題となり、急速に、子どもたちの塾通いが当たり前のようになっていったからだ。そのため「もうひとつの学校」がしだいに衰退《すいたい》し、一九八〇年代後半に「消滅《しょうめつ》」と言ってもいい状況になった。町で見られる子どもの姿は、塾通いの、勢いをなくした後ろ姿であった。あそび仲間をなくした子どもがひとり所在なげにしていたり、ゲームセンターであそんでいたりする姿であった。

「もうひとつの学校」は、ドラマに満ちた子どもたちのコミュニティであった。そして、それはおとなたちの目に見守られた、地域社会のぬくもりとともにあった。いま、改めてこの年代の子どもたちのあそびの世界を訪ねてみると、それは子どもたちがひとりの社会人として成長していく過程で、いかにかけがえのない学びの場であったかがわかる。

そこで本書では、一九六九（昭和四四）年から一九七三（昭和四八）年にかけての「もうひとつの学校」の子どもたちを訪ねた。主な撮影地は、都内各地、川崎市などである。

もくじ

危険ですから
ください
建設省

1章

空き地

空き地はどの町にもあった。知らない町のなかを歩き回ると、空き地であそんでいる子どもたちに出会えたものだ。いわば町の隙間《すきま》のような空き地には、鉄条網《てつじょうもう》で囲まれているところにも子どもたちは勝手にもぐり込んでいた。大人たちも、そこで子どもたちがあそぶことに目くじらを立てるようなことはしなかった。

空き地は、子どもたちにとって魅力的《みりょくてき》なあそび場だった。まず、手近なところにあったことだ。とくに、遠くに行けない小さな子どもにとっては大事なことだ。次に、お仕着《しき》せの遊具などが鎮座《ちんざ》していないので遊びの邪魔《じゃま》にならず、広々としているところがよかった。また、空き地には、さまざまながらくたや廃材《はいざい》、残土《ざんど》などが捨ててあるところもあり、それらがあそびに大いに役立った。子どもたちは、空き地でたっぷりとあそぶことができた。

自転車を除く
一方通行路

ここであそぼうと約束したわけではないが、自然にいつもの仲間が集まってきた。ここは鉄条網《てつじょうもう》で囲われているが、畑のなかにさえ入らなければ叱《しか》られない。一〇人も集まったので、なんだか楽しくなってきた。

この空き地は、何と言ってもグランドのように平らで広いところがいい。周りは杭《くい》が打たれて鉄線で囲まれているが、休みの日にはみんなの野球場になる。思いっきりバットが振れるのが何よりうれしい。隣の工事も、今日は休みなので静かだ。

ここは土手下の空き地だ。あそびに役立ちそうな廃材《はいざい》などが捨てられている。ここで何をしてあそぶかは来てみなければわからない。今日は古畳《たたみ》が捨ててあったので、早速それを使うことにした。おまけにゴザも見つけたので、これも使わせてもらった。脇《わき》の土手では段ボールを尻に敷いて滑り降りてあそぶこともできるので、いつもあそびに来る。

なかでは、すでに野球が始まっているようだ。三本槍のように突き出た突起物《とっきぶつ》のある囲いをどうやって乗り越えて入ったのか考えてみるだけでもおもしろい。

いま、女の子が九人、このなかに入って遊びたいのでトビラを乗り越えようとしている。真ん中にいる子どもは乗り越えられそうなとこまで登っているが、三本槍が邪魔《じゃま》して乗り越えることができないでいる。一方、門柱の上には、男の子がまるで門番のように三本槍のてっぺんを握って座っている。彼がそこに鎮座《ちんざ》しているからには、なにか重要な役目があるにちがいない。つまり彼は、三本槍を突破できる唯一《ゆいいつ》のルートを封じて、女の子たちの一団をなかに入れないようにしているのだ。たぶん、この三本槍を突破できるルートはこの門柱の上を通るしかないのだろう。

奥のほうを見ると、塀《へい》を乗り越えようとしている子どもたちがいる。この塀の上には三本槍はなく、塀の向こうにも足場になりそうなものがあるようで、簡単に入れるようだ。

子どもたちは、まさに動物的な勘《かん》を働かせて、こうした進入路を見つけていたのだ。

空き地では、よく「戦いごっこ」をしていた。捨てられているものを使って陣地《じんち》をつくり、残土《ざんど》の山も戦いの舞台になった。

古い電柱が積み上げられた陣地から格好《かっこう》よくジャンプして出撃《しゅつげき》だ。

工場のクレーンとドブ川の縁が戦いごっこの舞台装置《ぶたいそうち》だ。

BB弾が飛んでくるので備えをしておかなければならない。トタン板と倒木《とうぼく》と電線捲《ま》きからはずした円形の板が役に立つ。

ドラム缶装甲車《かんそうこうしゃ》だ。拾ってきた台枠《だいわく》や板もうまく組み合わせてつくった。

ウナギの寝床《ねどこ》のようなところだ。置かれていたものなのか、どこから運んできたものかはわからないが、U字溝を実にうまく使ってあそんでいる。横に置かれたU字溝のなかには材料が置かれ、上をカウンターのようにして使っている。つくっているのが、おまんじゅうなのかケーキなのかがわからないのが残念だが、せわしげにふたりは製造している。できたての品を買いに早速《さっそく》お客さんも来ているようだ。

傍《かたわ》らでシャベルを持って見守っているおばあさんは、ほどよく助手を務めていた。

空き地に置かれた廃材《はいざい》を使って子どもたちはいろいろな「家」をつくった。巧みに廃材を組み合わせて「家」をつくっていく。そこでは、生き生きと想像力が働き、捨て置かれているものも思わぬ使い方で生かされた。

子どもたちはこうした空き地をめざとく見つけ、仲間を誘《さそ》ってあそんだ。とくに、工場や倉庫の近くの空き地にはこうした廃材が置かれていることが多く、子どもたちはそういった「土地勘《かん》」ももっていた。

そこで、子どもたちの「家」を一軒一軒訪ねてみて、どのようにしてつくられているのかを調べてみることにした。

この「家」の建材を見てみよう。家の周りや天井は、機械類を輸送するときに使う木枠《わく》を利用している。それが倒れないようにするためにパイプを地面に打ち込んで、それに枠材が固定してある。屋根にはパッキング用の発泡《はっぽう》スチロールが使われ、雨に備えて包装《ほうそう》用のビニールシートまで使われている。足りないところは段ボールで補ってある。二本突き出ている棒は煙突《えんとつ》で、紙を巻いてつくられた丈夫な円筒形の芯《しん》が使われている。床にはカーペットの切れ端《はし》が敷かれていて、出入りしやすいように外まで続いている。揃《そろ》えて靴が脱いであるところを見ると、この「家」の住人はどうやらきれい好きで行儀《ぎょうぎ》がいいらしい。

この「家」は、まさに段ボールハウスだ。冷蔵庫と洗濯機の外箱用の段ボール箱を二つ連結して使っている。目下、右側にもう一棟《とう》増設中だ。連結部分には、天窓《てんまど》になるように輸送用の木枠《きわく》が使われている。円筒《えんとう》形の紙芯《かみしん》が使われ、てっぺんにかぶっていた帽子《ぼうし》が掛けられている。雨対策として右側のハウスにはすでにビニールシートがかけられ、左側用のビニールシートも用意されている。家のなかは、床材《ゆかざい》としても段ボールが使われている。

この家は鉄骨構造となっている。何に使われたものかはわからないが、鉄枠をうまく使っている。包装《ほうそう》用の大きなビニールシートで周りを囲み、ベニヤ板や机の天板《てんばん》などをいくつも組み合わせて天井がつくられている。北風でその屋根が飛ばされるといけないので、用心して、コンクリートの破片を拾ってきて重しとして載《の》せてある。実は、この家に半身を入れさせてもらったのだが、なかはとても暖かくてまるでサンルームのようだった。

これは、仮住まいというレベルのものだ。大きなバケットが横倒しになっていて、丁度《ちょうど》うまい具合に屋根のようになっているので、その下にもぐり込んだということだ。こんなところでも雨の日はありがたい。このバケットの様子からしばらくは使われそうにないので、急に雨が降ってきたときには雨宿りの場所として役立つだろう。

「家」というよりも「地下壕《ちかごう》」あるいは「地下室」と言ったほうがいいのだろう。空き地に捨てられた残土《ざんど》を利用してつくられている。シャベルで掘り出された土の乾き具合から見て、少しずつ時間をかけて穴を深く広げていったようだ。この工事はかなり本格的で、前方にリヤカーがあり、そこから厚い板を下ろしているのが見える。すでに穴の上には屋根用の板が置かれているが、これは仮に置いただけらしい。雨が降るとぬかるみになるようで、地下室に入るための敷石《しきいし》も置かれている。シャベルといい、リヤカーといい、これはかなり本腰《ほんごし》を入れた工事だ。

この「家」は、なかなか洒落《しゃれ》たデザインだ。中央にある巨大な糸巻は電線用のものだ。左側の部分は壊れた風呂桶《おけ》である。巨大糸巻も円形で風呂桶も楕円形《だえんけい》なので、組み合わせるとなかなかの出来映えだ。この組み合わせの問題点は、二つの部分のつなぎ目に当たる屋根をどうするかということだ。そこで採用したのが、一緒に捨てられていた風呂のふたである。これだけでは少し長さが足りないうえに雨漏《も》りの心配もあるので、台枠《だいわく》と段ボールを手に入れて補強した。これなら、激しい夕立がきても大丈夫だ。

工場地帯のなかに、取り残されたような空き地があった。雑草《ざっそう》が生い茂り、数は少ないがシオカラトンボやムギワラトンボもいるし、ときにはギンヤンマがいたりする。子どもたちの目当ては、なんといってもギンヤンマだ。そのギンヤンマがとりたくて、子どもたちは空き地をめざして遠くから歩いてきた。

空き缶でお湯を沸かしているだけなのだが、自分たちがおこした火でお湯を沸かすことはなぜか楽しいことだ。空き地に捨てられている雑誌や木ぎれ、乾いた板を集めてくる。まず、雑誌を破って丸めて下に敷き、次にその上に木ぎれや板を乗せる。マッチは、家から持ち出してきた。空き地と言えども子どもだけのたき火は「火いたずら」と見なされていたが、こっそりと火をつけた。だが、煙《けむり》と湯気《ゆげ》がここまで上るとこのあそびは続行するほかはない。

空き地に捨てられていた怪《あや》しげな雑誌を見つけた。みんなで見たが、いやらしいという判決《はんけつ》が下り、破って火あぶりの刑《けい》にすることになった。

空き地のドラム缶の上に座って笛を吹くひとりの少年がいる。空き地にも、こんなに静かな時が流れることもあるのだ。しばらく、そっと少年の笛の音色を聞こう。

ひとりでいる、夕暮れのひととき。

2章

道路

道路は、子どもたちにとってもっとも身近なあそび場のひとつだった。道の奥まったところを「路地」とするならば、ここで言う「道路」は、車も通れば人々が行き交うところである。子どもの道路の歩き方は、大人と少々違う。大人にとって道路は行き先への通過点にすぎないが、「道草」ということばがあるように、子どもにとっては途中でなにかおもしろいことがあれば、たちまちあそび場にもなるところだった。

ときに、堂々と道路をあそび場にしてしまうこともあった。これこそ子どもの特権ともいうべきもので、道路に思いのままに絵を描いたり、辻あそびの場にしたりして自由に道路を利用してあそんだ。とくに、下町の道路では、子どもたちは通行人と走る車のすぐ脇でたくましくあそび回っていた。でも、車との事故もあり、歩道は別として道路は決して安全なあそび場とは言えなかった。

また、休日には、道路に標識（ウマ）を立てて車を通行止めにして「よいこのあそび場」にすることも行われていたが、子どもたちにはあまり歓迎《かんげい》されなかった。

気温がぐんぐん上がった夏の午後、車の合間をぬって路面に水が打たれた。水道のホースから突然勢いよく水が出たのでうれしくなってその下を駆け回っていたが、当然のことながらずぶ濡《ぬ》れになった。そこで、これも成り行きと、靴を履《は》いたままでひと思いに裸ん坊になった。しばらく喜んで裸で走り回っていると、突然、打ち水は終わってしまった。いま、この快適なあそびを続ける場所はここしかない。

休日なので工場も休みで、いつもなら人や荷物の往来がある歩道に人通りもない。そこで、メンコをする場所として使わせてもらった。この歩道のコンクリートブロックのざらつき具合がメンコの場としておあつらえ向きだ。メンコを打ったときに下から風が入る隙《すき》間《ま》がほどよくあり、メンコがひっくり返りやすい。また、「サバ」(相手のメンコの下に自分のメンコを滑り込ませる)も入りやすい。いくら腕がよくても場が悪くてはその腕を発揮《はっき》することができないので、勝負するのにどこがよい場所か、子どもたちはちゃんと知っていた。

辺りを見回しても木がない。そこで、この道路標識《ひょうしき》に目を付けた。この足の使い方からしてみると、この子どもは標識登りのなかなかの名手のようだ。まず、裸足になっていることと、その足の運び方を見るとそれが分かる。ポールに足の裏を吸い付かせるように挟み、両手も使って尺取り《しゃくと》り虫のようにして登っていく。手や足だけで力任せに登ろうとしても無理で、身体全体を使うこの尺取り虫式の動きがうまくできないと登れない。

商店街のアーケードの支柱にも登ってみる。ここでも、基本は尺取り虫式だ。順番が待てないで次々と登ったから、団子のようになってしまった。

電柱にも登る。電柱に登るには、まずは太くて手がかりのない初めの難関《なんかん》を突破《とっぱ》しなければならない。ここを過ぎれば工事の人が登るためのボルトが柱に交互《こうご》に埋《う》め込まれていて、あとは楽勝だ。

止まれ

世界の名作

まさに、あそび場と化した道路である。こうなると、車のほうが遠慮して通らなければならなくなる。この人数ではドッジボールはできないので、今日はボール当てをしてあそぶことにした。小さな子もいないので思いっきり強く投げたが、受け止められてしまった。お見事！

縁石《えんせき》に座って足の爪にマニキュアを塗《ぬ》っている。小瓶《こびん》に入った液をお母さんの真似をして筆で一生懸命《けんめい》に塗っている。マニキュアを路上でしなければならないわけがあるのだろうなどと勝手な想像をすることは、この子どもの名誉《めいよ》のためにやめることにしよう。

道路を歩いていると、おもしろいことに出合うものだ。夏休みなどには子ども向きの映画を見せる町の映画館のポスターも、通りすがりに一応見ておく。

角のところでチンドン屋さんがひと休みしていた。よく見ると、おじさんが着物を着て、カツラをつけて、白《おし》粉《ろい》をつけて女の人に化けていた。

公園の脇の道路であそんでいるといつもの焼きいも屋さんが来たので、みんなでお手伝いをすることにした。

たばこ

家の前の道路にも車が入ってくるようになった。一九七〇年代は、交通事故による死者が一万六〇〇〇人を超えて「交通戦争」といわれた時代だった。路上もあそび場にしてきた子どもたちにとって、それは深刻《しんこく》な事態となった。そこで、休日には道路の一部を通行止めにして、「遊び場道路・よい子のひろば」として道路をあそび場として開放する試みが行われた。けれども、子どもたちはあまりそこであそばなかった。それは、交通止めされた「あそび場」が「時間指定」で突然現れるという不自然さや、子どものあそびの都合ではなく、大人の都合から選ばれた場所ということもあったのだろう。

遊び場道路
ここは遊び場道路
として指定してあ
りますのでご協力
下さい
900 1700
1300 1700
蒲田警察署
大田区
9~17
13~17
通行止注意
58-22

道路に蝋石《ろうせき》で渦巻《うずま》きのような絵を描いて、ひとつひとつの区切りをわたっていく。ジャンケンをして勝ったら何歩進むか決めておき、運悪く「やすみ」と書かれたところで止まるとジャンケンが一回休みとなる。こうしてジャンケンを繰り返して、早くゴールした者が勝ちとなる。

このような道路に描かれた絵は、車が通ったり、人が踏んだりしてだんだん消えていくが、あそぶたびに「やすみ」の位置や区切りの幅《はば》を変えたり、人数によって渦巻きの長さを変えたりと、あれこれ工夫して描いた。

歩道の特別プールだ。蒸《む》し暑い夏の午後、お父さんが商売道具の桶《おけ》に水を入れて専用のプールをつくってくれた。ホースの先には、シャワーのような水が出るようにちゃんと金具もはめられている。桶の水がぬるくなると、これで水をかけてくれるので気持ちがいい。すぐ脇《わき》を車が通っていくが、気分はプールだ。

ひとりでいるときもある。そんなときには、お馴染《なじ》みの信号機の柱に寄りかかっていると落ち着く。いつものように車が行き交いしているが、今日は、なんだかみんなよそよそしく見える。

夕涼みのつもりがナイターになった。

3章

路地

道路の奥まったところや車が往来する道路から少し入ったところに、子どもたちの大事なあそび場があった。「路地」こそが、子どもたちのもっとも手近なあそび場だった。狭い路地には車は入ってこられなかったから安心してあそべたし、奥が行き止まりの路地も同じように車の心配がなかった。だから、路地は家の前のもっとも手っ取り早いあそび場だった。何かあればすぐ身近に大人がいるので、小さな子どもも安心してあそぶことができた。こうした路地でのさまざまなあそび方は、子どもたちの工夫と知恵であふれていて、まさに「暮《く》らしのなかのあそび場」と呼ぶのにふさわしいところだった。

そんな路地のなかでも、中央区佃《つくだ》、月島や江東区門前仲町の路地ではいつもあそぶ子どもたちの声がしていた。とくに、月島の路地は、狭い路地をはさんで両側に長屋式《ながやしき》の家が連なっていて、路地がそのまま庭先といった様子だった。路地には縁台《えんだい》が置かれ、子どもたちがあそんでいる脇で大人たちもくつろいで縁台将棋《えんだいしょうぎ》などをして、いわば「路地コミュニティ」ともいうべき生活空間をなしていた。

いま訪ねてみると、月島ではかつての路地の面影《おもかげ》を残してはいるものの、日曜日の昼近くだというのにそこには子どもたちの姿がなかった。

いつものところに、
まっしぐら。

おじいさんやおばさんたちが涼みに出てきた。子どもたちはずっと前からござを敷いて「おかあさんごっこ」をしていた。おばさんが「私にもお茶を一杯《いっぱい》くれない」と言ってきたりする。おじいさんまでが「おいしいのを入れて」などと言って、あそびの相手をしてくれる。この路地では、いつもこうしてみんなが一緒だ。

夕方、軒先の鉢植えの草花に水が撒《ま》かれ、辺りが涼しくなってきた。そのころを見計らって「縁台将棋《えんだいしょうぎ》」が始まった。いつもなら、将棋では一目置かれているおじさんが夕涼みに出てくるころだが、今日はまだ来ない。右足を縁台の上に組み、そこへ肘《ひじ》をつくという格好《かっこう》はそのおじさんの真似《まね》だ。

このあき家の前が路地の集合場所だ。いつものことだが、ここにみんなが集まってから何をしてあそぶか決める。今日も、いつもの顔ぶれがそろった。

手打ち三角ベースがはじまった。狭い路地で野球をするために、子どもたちが考え出した野球だ。バットを使うとボールが飛びすぎるので、手をバット代わりに使う。

ケンカが起こった。こんなときには「大将」の出番だ。つかみ合っているふたりの間に割って入って、まずは小さい子の言い分を聞く。このとき、年上の子どものほうを制止できるかどうかで「大将」としての力量《りきりょう》が試された。

「ホンコ」のベーゴマだ。「ホンコ」とは、相手に勝てば相手のベーゴマを戦利品として取り上げる真剣《しんけん》勝負のことだ。だから、学校ではベーゴマを子どもの勝負ごとと見なしていて「ホンコ」は悪いことになっていた。そんなこともあってか、「ホンコ」が行われているところは路地裏の「もうひとつの学校」と決まっていた。厚手の帆布《はんぷ》（トラックの荷台の幌の切れ端《はし》などを使っていた）をバケツなどの上に乗せ、周りを紐できっちり縛《しば》って土俵のような場をつくった。これを「トコ」と言っていた。ベーゴマは簡単に回せるコマではなく、ましてやトコの上に乗せてうなりがつくほどに回すには相当の修練《しゅうれん》が必要だった。辺りが薄暗《うすぐら》くなると、ベーゴマ同士がぶつかりあって火花が散った。

子どもたちに圧倒的な人気を博していた漫画『おそ松くん』（赤塚不二雄作）に登場する「ニャロメ」の大きな絵が描かれていた。それにしても、この「ニャロメ」は実に伸び伸びと大胆に描かれていて、見れば見るほど感心してしまう。画用紙の大きさでは、到底《とうてい》この子どもの願いを満足させることはできない。路地のキャンバスの大きさと自由さがあってこそ、この「ニャロメ」は出現したのだ。

いま、この「画家」は、もうひとつ大きな絵を描いている最中である。

路地には、ときどき「しん粉細工《ざいく》」のおじさんがやって来た。しん粉《こ》を使って花、鳥、人物などの形をつくる。子どもたちは、小遣《こづか》いを握《にぎ》ってしん粉細工のおじさんが担《かつ》いできた屋台の周りに集まる。そして、つくってほしいものを注文すると、おじさんは、実に手つき鮮《あざ》やかに目の前で素早くつくり上げる。

まず子どもたちは、その手つきを見て楽しむ。それからチビチビとなめたり、食べたりして楽しんだ。

オセロのようなゲームをしている子どもをなかにして、ファンタを飲んでいる子どもがいても、アイスクリームを食べている子どもがいても、それはそれでいい。路地のいつもの場所にいつもの仲間が寄り集まっているが、それぞれがしたいようにするというゆるやかな関係をもちながらも、この子どもたちは仲間意識を共有している。ここでは、ゆっくりとした時が流れている。

サヨナラ三角、マタ来テ四角。

4章

公園

町のなかや団地にある公園や広場は、子どもたちの集会場だった。そこに行けば誰かが来ているだろうと、お馴染《なじ》みの公園や広場に行ってみた。もちろん、そこであそぶこともしたが、児童公園にはブランコや滑り台などのお決まりの遊具が鎮座《ちんざ》していて、これがあそびを限定させてしまうもとになっていた。これらの遊具は大人が勝手につくったもので、ただでさえ狭い公園をさらに狭くしてしまい、子どもたちにとっては自由に飛び回ったり、自分たちで工夫したあそびをするときに邪魔《じゃま》になった。

ただ、砂場だけは違っていた。どの公園に行ってもいつでも子どもたちがあそんでいるのは、間違いなく砂場だった。砂という単純な素材が、お仕着《しき》せの遊具と違って子どもたちの想像力を活発にさせた。年齢によってつくるものは違っていたが、幼児から小学校高学年の子どもまで、腰を据《す》えてあそんでいた。

子どもたちがお仕着せの遊具であそぶときには、設計者が思いもかけなかったあそび方を編み出したときだ。子どもたちは、飼育ケースのなかのハムスターのような決まりきったあそびではすぐにあきてしまうからだ。

野球は禁止されているところが多かったが、小さい子どもが遊んでいたり、場所ふさぎの遊具などが邪魔をしていて、野球をしたくてもできないところが多かった。

「かごめ、かごめ、かごのなかの鳥は、いついつ出やる　夜明けの晩に　鶴《つる》と亀《かめ》とすーべった。うしろの正面だあれ」と、わらべ歌を歌いながら鬼あそびをしている。このあそびは、『かごめかごめ』を歌いながら、なかでしゃがんでいる子ども（鬼）の周りを周りの子どもたちも座り、「うしろの正面だーれ」で周りの子どもたちもグルグル回り、鬼の子どもに後ろにいる子どもの名前を当てさせるものだ。名前を当てられた子どもが代わって鬼になり、輪のなかでしゃがむ。鬼が小さな子どもでなかなか当てられないで泣いたりすると、年上の子どもが代わってやったりしていた。鬼になり、なかにしゃがむことを「お便所に入る」と言った。

縄跳《なわと》びの紐《ひも》を使って「電車ごっこ」をしている。
紐《ひも》が短くて、電車は満員だ。

公園のコンクリート製の山であそんでいる。滑り台も兼ねているので、斜面はとても滑りやすい。この五人は運命共同体である。一番上の子どもは片手で柵《さく》の鉄棒をしっかりと握《にぎ》って落ちないようにしているが、下から駆け上がって次々とぶら下がるので、共同体の人数が増えていく。先頭の子どもがもちこたえられなくなって手を離すと、「運命共同体」は一気に落下していくことになる。

この四人の関係について考えてみることにした。この砂場で遊んでいるうちに下の二人に「もめごと」が起こったとしよう。取っ組み合いのケンカになった。そこに縞《しま》模様《もよう》のシャツの二人が来て、ケンカをやめさせようとしたがひどくなる一方なので、とりあえず締《し》め付けているほうを引き離そうとした。立って指さしている子どもは、どうやら「あやまれ」と言っているようだ。

　けれども、これは勝手な想像で、もっと別のわけがあったのかも知れない。

ブランコの使い方もいろいろあるものだ。子どもたちはおとなが思いもつかなかったやり方を考え出す。いま二人は、膝《ひざ》でブランコの揺《ゆ》れを止めて『いじわるばあさん』（長谷川町子作）を読んでいる。一方、大人の予想をはるかに超えた角度までブランコを高く振《ふ》り上げている子どもがいる。まるで怪鳥《かいちょう》が空を飛んでいるようだ。

公園脇の道は、紙芝居屋さんにとっておあつらえ向きの場所だった。自転車を止めて紙芝居の舞台を起こすと、子どもたちが集まってきた。来る日が決まっていたので、子どもたちも心得ていて、その日には続きが見たくて公園でわずかなお小遣《こづか》いを握《にぎ》って待っていた。紙芝居屋のおじさんは、せんべい、水飴《みずあめ》などを売って生計を立てていた。買えない子どもを追い出すようなことはしなかったが、子どもながらに「タダミ」をするときは、少々引け目を感じていた。

古タイヤやコンクリート製の恐竜《きょうりゅう》と子どもたちとの付き合い方は、恐竜たちもとまどうほどである。タイヤ恐竜には親切に鎖《くさり》が取り付けられていて、腕までは登れるようにしてある。登っていいのはこの辺りまで、ということを意味している。もし落ちても、そう大事に至らない高さだ。ところが、現実は違っていた。恐竜も小さな手で目隠しをされて慌《あわ》てるほどのところまで子どもたちは登ってしまった。

一方、コンクリート恐竜だが、こんなふうに手が使われるとは思ってもみなかったことだ。下からは、腕先に飛びつくには高さがあるのでできない。肩の部分からうまく腕に移動してぶら下がらなければならないが、つかまるところが途中にないのでかなりの難ルートである。ふたりを背中に乗せ、腕には逆立ち状態の子どもがいて、恐竜はここから逃げ出したいと思っていることだろう。

団地の広場へこれからあそびに行く。普通に行ったのではつまらないので、専用ルートから行くことにした。いま、このルート最大の難関《なんかん》に挑戦しているところだ。これに比べたら、学校の平均台などは目をつぶっていてもわたれる。

バンジージャンプを真似ているわけではないが、勇気がいるあそびだ。いつも口では負けている女の子も、感心して見ているので気分は上々だ。下に置かれているマットレスは、ゴミ捨て場から拾ってきたものだ。いまは滑り台から三メートルほど離れたところに置いてあるが、滑り台からだんだん離して飛び降りる挑戦を続けてきた。もし、飛ぶ距離が足りなければどうなるかはわかっている。少しずつマットレスを先に動かして、どこまで飛べるか……勝負はこれからだ。

コンクリートでできた小山の上から、斜面《しゃめん》をローラースケートで滑り下りる。このあそびでは、斜面の恐さと加速していく速度にどこまで耐《た》えられるかが試される。手すりに一度もさわらないで滑り下りるのが目標だ。順番を待っている子どもたちの顔は、自分の番を待つジャンプ競技の選手のようだ。

団地の公園に置かれた女性像も、登山隊員のクライミングの相手をさせられることになった。この芸術作品は、子どもたちにとってよじ登る対象として実に魅力《みりょく》的に見えたのだ。首の部分は細くて、しかも丈夫そうで荒縄《あらなわ》をかけるのに適している。台座は壁《かべ》のようで、よじ登ると達成感がある。荒縄《あらなわ》が少々困ったところにかかってしまったが、はずれそうもないのでそのまま登り切ることにした。この作者にとっては、気の毒な光景である。

砂場にコースをつくってビー玉レースをしているところだ。全員で砂をたくさん集めて小山のように積み上げ、斜面をつくる。次はコースをつくるのだが、途中でビー玉が止まらないようにカーブと縁《ふち》を工夫してつくらなければならない。このあたりは経験がものを言う。ゴールは、植木鉢の下に敷く皿を拾ってきて埋め込んだ。ここにビー玉が入るといい音がする。

公園で写真を撮っていると、撮らせてもらっていいものかどうか戸惑《とまど》う場面があるものだ。この一物《いちもつ》といい、手つきといい、あまりにリアルなので一瞬たじろいだが、反射的にローアングルから一枚だけ撮らせてもらった。

砂場につくられた「コリントゲーム式ビー玉ゲーム機」である。みんなで砂を積み上げて斜面をつくり、釘《くぎ》の代わりにビー玉や缶やふたなどを埋《う》め込む。上から玉を転がすと、何か所かひっかかるようにつくられている。さらに手が込んでいるのは、斜面《しゃめん》の下にパイプを埋め込み、開けられた穴からビー玉がなかに落ちるとそのパイプを通って出てくるように工夫されているところだ。

公害で木が立ち枯れてしまっている。樹皮《じゅひ》もはがれ落ちている。この辺りは、公害によるぜん息などが多発した地帯だ。その広場で、子どもたちは野球をしている。枯れた木の枝に古タイヤやチューブが引っ掛かっているが、枯れた枝を輪投げの支柱として利用したとみえる。

石が日光で温められている。そのぬくもりでひと休み。

5章

境内

神社の境内《けいだい》。なかには、周りの木が大気汚染《たいきおせん》ですっかり枯れ果ててしまったところもあったが、多くの境内は木が茂り、普段はひっそりとしたものだった。ときどき、缶ケリをしてあそぶ子どもたちの声がしたり、夏にはセミ捕りの子どもの網が木立に見え隠れしていた。

そんな神社のなかでも佃《つくだ》の住吉神社の境内は違っていて、いつも子どもたちの声がしていた。佃大橋をわたり、すぐに左に入ると古い家並みの町となった。掘り割りがあって、釣り船が係留《けいりゅう》されている。その家並みのなかにとけこむように佃煮《つくだに》の老舗《しにせ》があり、歴史を感じさせる看板を掲げていた。そうした町屋と一体になって住吉神社はあった。町のなかにあって開放的な住吉神社の境内は、子どもたちがゆっくりとあそべる場所だった。野球などができる広さはなかったが、こぢんまりとした境内はそのままあそび場であり、路地の続きのような気分で気兼ねなしにあそぶことができた。狛犬《こまいぬ》も石塔も、子どもたちのあそびの舞台だった。

今日もいっしょに。

灯籠《とうろう》の土台を机にしてママゴトをしている。ご飯の用意ができたので、これから家族そろって食べる。お父さんには、一番大きなお椀《わん》でよそってあげた。

こちらはお菓子屋さんのお店だ。倒れた石塔を、椅子とカウンターとして利用している。さまざまなお菓子が並び、喫茶店も兼ねているのでカップも用意してある。

バケツのなかには、たくさんお菓子の入れ物を持ってきているので、いくら売れてもすぐにつくれるから大丈夫だ。

満員でなかに入れないときは、外側の囲いの石に座ることもできるのでここが気に入っている。

奉納《ほうのう》された大きなつくばいは、具合のいい居場所だ。すっぽりなかに入っていると、なぜかとても落ち着くのだ。そこでゆっくりと本を読んだり、「知恵の輪」をはずしたり、秘密《ひみつ》の相談をしたりしている。だが、見ようによってはお風呂に入っているようにも見える。それも仕方がない。

狛犬の背中に乗って辺りを見わたすと、どういうわけか強くなったような気分になる。それで今日は、三人でこれから跨《またが》ろうとしている。鳩が驚いて飛び去っていった。

あまりにもこのお堂にぴったりな姿なので、感心して見てしまった。握《にぎ》っている棒といい、ぐっと閉じられた口といい、ほどよく開かれた足といい、このお堂の主ではないかと思ってしまうほどだ。

普段は静かな境内《けいだい》でも、お祭りのときは子どもたちで賑《にぎ》わった。露店《ろてん》がたくさん出て、子どもたちはお小遣《こづか》いをもらってあそびに出かけた。パチンコ屋、射的屋《しゃてきや》、紐《ひも》引きなどの景品目当てのものから、金魚すくい、ヨーヨー釣り、風船屋、おもちゃ屋、やきそば屋、綿飴屋《わたあめや》、そして、見せ物小屋と数多くの露店が参道にひしめき、夜になると裸電球の灯りや独特の臭いを漂《ただよ》わせてアセチレンガス灯が辺りを照らしていた。境内からは神楽《かぐら》が聞こえ、祭りは子どもたちにとって、まさに「ハレ」の日だった。

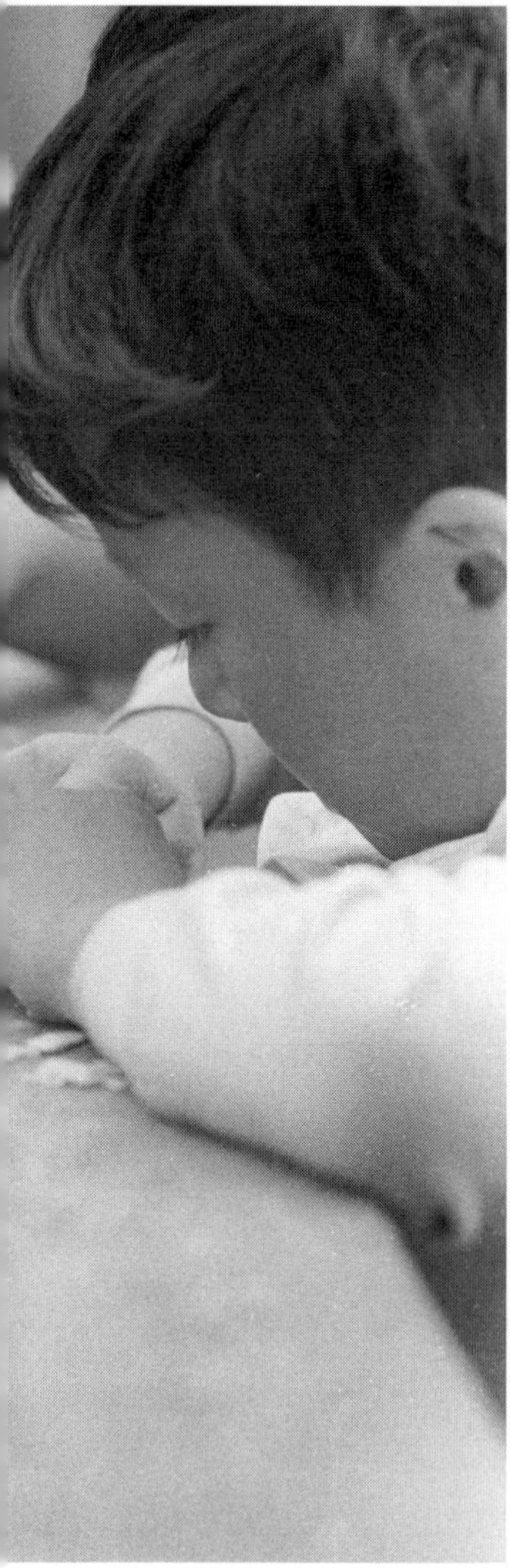

鳩しかいない日。

6章

工事現場

一九七〇年代のはじめは、町のそこら中が掘り返されていた、と言っても過言《かごん》ではない。至る所で土木工事や道路建設が行われていて、東京の郊外では大規模《だいきぼ》な開発が進められていた。子どもたちにとって、そこはもともと自分たちがあそんでいた空き地だったところもあれば、建物が取り壊《こわ》されて突然空き地ができたところもあった。ダンプカーがひっきりなしに来ていつもザリガニなどをとっていた池が埋め立てられたり、畑だったところに残土が積み上げられて急に山ができたりもした。パワーシャベルが大穴を開け、雨が降ったあとなどは池のようになることもあった。

子どもたちは、工事が休みのときを狙ってもぐり込んであそんだ。そこには、格好《かっこう》のあそびの素材が豊富にあった。けれども、このあそび場は当然工事の進行とともに失われ、子どもたちにとっては束《つか》の間《ま》のあそび場でしかなかった。

駅前の開発工事が始まった。突然現れた空き地に、子どもたちは大喜びだ。早速《さっそく》、あそびに来た。山あり、谷あり、ガラクタありのこの「空き地」は、子どもたちにとっては天から降ってきたようなあそび場だった。こんなところでなければできない「どろだんご」の合戦がはじまり、鎧《よろい》代わりに拾ったすだれをかぶって泥団子《どろだんご》の攻撃《こうげき》から身を守っている。

畑に残土《ざんど》が積み上げられて小山ができた。ここでも、泥合戦《どろがっせん》のはじまりだ。

高速道路の工事現場だ。周りにはフェンスが張られてここへは入れないようにしてあるのだが、子どもたちはもうちゃんとあそんでいる。子どもたちにとって、こんなおもしろいあそび場はそうざらにはない。ミツバチが花のありかを仲間に伝えるように、こうしたあそび場ができたことは、たちまちのうちに子どもたちの間に広まった。

ヒューム管がたくさん野積みにされていて、実に「仮面ライダー」の舞台としてふさわしい。管から管へ飛び移って遊ぶだけでもおもしろい。まさに神出《しんしゅつ》鬼没《きぼつ》で、ひとつの管のなかに姿が見えなくなったと思うと予想もつかないところから飛び出てきたりする。いま、敵《てき》が留守《るす》なのでそっと偵察《ていさつ》に来た。「アイアイガサ」などが描いてあるのを見つけた。

このクレーン車のオペレーターは、先ほどどこかへ出かけていった。それを、ダンプカーの陰からちゃんと見ていた。ドアーは閉めていったが、天井の窓は開けられたままだ。「いまだ!」、そこから入って運転席に座ってみることにした。前からオペレーターが運転席のレバーでクレーンを動かしているのを見ていたので、一度運転席に座ってレバーにさわってみたかったのだ。

マンションの工事現場だ。現場にあったパイプをつなげて滑り台をつくろうとしている。丸いパイプの上をどうしたら落ちないで滑り下りることができるか、その楽しみははじまったばかりだ。それにしても、肩の上にパイプをうまく乗せて運ぶ姿は堂に入っている。きっと、作業員がパイプを運んでいる姿をどこかで見ていたにちがいない。

新しくできた高速道路にあそびに来た。もちろん、フェンスは乗り越えてきた。フェンスを乗り越えるのもちょっとしたコツがあって案外おもしろいのだ。ひと休みしてから、石垣登りに挑戦してみることにした。石と石のわずかな隙間《すきま》に指先とつま先をかけて登ってみると案外登りやすい。でも、下を見ると怖《こわ》くなるのでしっかり上を見て登った。

道路の拡幅《かくふく》工事の現場だ。ここには工事用の砂がたくさんある。子どもたちは、それに目をつけた。いま、かなり深い穴がふたつ掘られている。腹ばいになって腕を伸ばしても底には届かないほどだ。この穴の使い道は、見え隠れしている段ボールからもわかるように「落とし穴」だ。ここに穴があることを知らない人が落っこちるときの様子を想像するだけで楽しい。でも大抵は、初めての犠牲者《ぎせいしゃ》は仲間内から出るのが常だった。

工事の音が止んだ。そこで暗くなるまでひと試合。

7章

ゴミ捨て場

「消費《しょうひ》は美徳《びとく》」と言われるほど、使い捨ての時代だった。道ばたや空き地には、家具、電気製品、寝具、自転車などのさまざまなものが無造作《むぞうさ》に捨てられていた。町を汚らしくしていたが、子どもたちはここではあそびに役立ちそうなものを拾ったり、電化製品などが捨てられていると分解してあそんだ。いまから思うと、なかには危ないものもあった。たとえば、テレビの部品として使われているオイルコンデンサーなども分解してなかから「銀紙」と称するものを取り出していたが、このコンデンサーの絶縁《ぜつえん》オイルには多量のPCB（ポリ塩化ビフェニル）が含まれていたのだった。

子どもたちにとっては、こうしたガラクタの山を調べることは一種の宝探しのようなもので、そこからあそびの材料を調達《ちょうたつ》する知恵をもっていた。バネを取り出したり、スピーカーから強力な磁石《じしゃく》を手に入れたり、ソファーなどが捨てられているとみんなで「隠《かく》れ家《が》・基地」に運んでいって使うこともあった。成人向けの古雑誌などに火をつけて、怪しげな絵が燃えるのを楽しんだりもしていた。

児童公園の脇《わき》にはゴミの山ができていた。なにかあそびに役立ちそうなものはないかと、子どもたちが探しに来た。いまは小物を探しているが、大物のドアーや丸い鉄製の輪は、基地をつくるときに役立ちそうだ。

建築廃材の小山であそんでいる。釘《くぎ》は出ているし、ガラスの破片《はへん》など危ないものが捨てられている。子どもたちにとってそこがおもしろい。登山家が難しいルートを通って山頂を目指すように、もろくて危険な足下を確かめながらてっぺんに登りつくと思わず両手を挙げたくなる。

古い下水道管が野積み状態で捨てられている。こんなところは、「基地」をつくるには大変に都合がいい。大きな下水管が斜めになっていて、切り口が上を向いているので板をかぶせて「本部」にした。上から辺りの様子も見られるので、なかなか具合がいい。周りの小ぶりの管は、隠れ場所として使うことにした。

ケーブルを捲《ま》く芯《しん》の上に風呂おけを逆さまに置いた実験室だ。使えるのかどうか定かではないが、なかには椅子もある。このような大物機器を扱うには「風呂おけ実験室」は手狭《てぜま》なので、外で分解中だ。おもしろい部品が手に入ったら、なかでじっくりと調べることにする。

今日のあそびの仕上げとして、拾った週刊誌を
落とし穴のなかで燃やすことにした。

8章

資材置き場

資材置き場といっても、そこに置かれているものは実にさまざまだった。建設用のパネルが山積みされているところもあれば、パイプや工場で使う鉄材が野積《のづ》みされているところもあった。なかには、ゴミ置き場と区別できないようなところもあったが、子どもたちにとってはあそび場として大変に魅力的《みりょくてき》なところだった。

何といっても、そこに置かれているものをいろいろと利用することができた。たとえば、建設用のパネルなどは基地づくりの材料として申し分ないものであった。山積みされているパネルを少しずつずらすと、思わぬ空間ができた。こんなことをしているのが見つかっても滅多《めった》に叱《しか》られるようなこともなかったから、子どもたちは安心してあそんでいた。また、道からは見えにくいところにつくったので、誰にも見つからないということもあった。

そこにあるものを使って「建設」は進められたが、足りないものがあれば近くの資材置き場やゴミ捨て場から調達した。これは、砂場の楽しさと同じで、いろいろなものを使って本物をイメージして描いたものをつくり出していくことができた。雨がもらない工夫をしたり、ハシゴを付けて出入りしやすいようにしたり、なかに敷物《しきもの》を敷いたりと工夫を重ね、あそびに来るたびに改良していった。

危
立

資材置き場であそぶには、そのバリアを突破《とっぱ》しなければならなかった。もぐる、くぐる、乗り越える、こじ開ける、穴を開けるといったやり方で、子どもたちは関門を通り抜《ぬ》けていた。

雨上がりで水たまりがあるが、休みには手近な野球場として利用している。ここなら、軟球《なんきゅう》を使って思いっきり打つことができる。

パネル置き場があったので近くに行ってみたら、何やら視線《しせん》を感じて、辺りを見るとパネルの隙間《すきま》からこちらを見ている目があった。黙《だま》っていたのでは失礼だと思って挨拶《あいさつ》をしたが、簡単にはどうも受け入れてくれそうにない。こんなときには、早々に立ち去ることが肝心《かんじん》だ。

工務店の資材置き場だ。木材やパネルの間にござをカーテンのようにつるして囲いとして応用している。ちょうど真ん中あたりにうまい具合に穴が開いていて、窓のようになる。ござのなかから子どもの声がしたので、その穴をそっと開けてなかをのぞいてみると住人がいた。一枚撮《と》らせてほしいというと、みんなで「窓」から顔を見せてくれた。

ここも、柱や板などが積み上げられているところだ。かなり前から置きっぱなしになっているようで、子どもたちはそれをいいことに「基地」の建設作業を進めてきた。下のほうにある隙間《すきま》に潜《もぐ》り込めるように壊《こわ》れた階段を拾ってきて据《すえ》え付けたり、断熱《だんねつ》シートも手に入れて屋根として活用している。なかからはい出してくる子どもの様子を見ると、子どもの蟻塚《ありづか》のようにも見える。

自作のローラー滑り台だ。資材置き場にあった、荷物を積み込むときに使うローラー付きの渡し板二枚を持ってきて、滑り台をつくった。構造的によく工夫してあるので感心した。まず、落ちているものを上手く利用してほどよい傾斜をつくった。スタート地点は、乗りやすいように台を据え付けて、板の安定性を増すために古タイヤをその上に乗せている。連結点も、下の板がずれて落ちないように上の板を乗せている。また、この段差は滑り下りるときに少しスリルがあっておもしろい。いまのところはひとりで滑っているので「安全運転」をしている。

酒店の瓶《びん》置き場だ。酒ビンの王冠《おうかん》から栓《せん》の部分をはずしたものを子どもたちは「サケブタ」と呼んでいた。その「サケブタ」をひっくり返して強さを競うあそびが流行《はや》っていた。家からで出る王冠などはたかが知れているので、子どもたちは、町のなかで一升瓶《いっしょうびん》が置かれているところを探し出し、こっそりと「ちょうだい」していた。

ウルトラマンごっこの最中だ。資材置き場は、その舞台としては申し分ない。気分が高まってきたところで「変身！」

ひなたぼっこ。座布団《ざぶとん》はゴミ置き場から調達《ちょうたつ》した。

影が伸びて風が冷たくなってきた。

9章

高速道路陸橋下

町のなかに高速道路が造られると、高架《こうか》の下が空き地となった。そこで　それを活用してあそび場や駐車場がつくられた。高速道路の高架橋の下が子どものあそび場になるとは、それまでは誰も想像だにしなかった。子どもとお日様はいつもいっしょという、それが子どものあそび場の基本だったように思う。

しかし、子どもたちにとっては、たとえ日が射さないウナギの寝床のようなあそび場であっても大切なあそび場となった。とくに、子どもたちが目をつけたのは資材などを置くためにつくられたと思われるが、まだ何も置かれていない広い場所だった。ところが、そこは「立入禁止」で、フェンスで囲まれていて入れないようにしてあった。

いつもの仲間が集まった。これから、ひとあそび。

その場所もフェンスで囲まれていて、乗り越えられないように鉄条網《てつじょうもう》が張られていた。子どもたちは、その鉄条網の間隔《かんかく》が開いているところを知っていて、巧みに乗り越えてきた。鉄条網の間から頭を入れ、とがった針にさわらないように上体を持ち上げていって、足も慎重《しんちょう》にくぐらせて、全身が抜《ぬ》けたところで最後は飛び下りていた。

子どもたちは、「立入禁止」の場所を野球場としてうまく使っていた。そこはコンクリートで整地されていて、しかも何も置かれていなっかたので野球をするのにうってつけだったし、フェンスは「ウナギの寝床《ねどこ》球場」のネットとして逆利用できたからだ。

駐車場のフェンスに、子ども専用サイズの穴が開いている。この穴は、ずっと先にしかない出入り口まで行くのは面倒なので、近道としてペンチなどを使って開けられたものだ。これからローラースケートをしようと思っているが、今日は車が多いので気を付けてしなければならない。

ビー玉でひと勝負。

苦心《くしん》して集めた「サケブタ」でひと勝負するために自転車に乗ってやって来た。ここは、アスファルトで舗装《ほそう》されていたから路面が平らで、しかも車が来る心配がなかったから勝負の「場」としては申し分のないところだった。

フェンスのなかに、使い古した応接セットが投げ込まれていた。子どもたちは、早速それを並べて休憩《きゅうけい》場所にした。ソファーは柔《やわ》らかくて気持ちがいい。風通しもいい。こうなると、昼寝でもしたい気分になってくる。

高速道路の柱を使って「長ウマ跳《と》び」をしている。四人しかいないので、二人ずつに分かれた。当然、ウマはひとりとなり、その上に相手のふたりが乗ることになる。いま、二人が乗ってジャンケンをしているところだが、先に乗ったひとりが落馬寸前《らくばすんぜん》である。ジャンケンが終わらないうちに地面に身体がさわれば、アウトとなってしまう。

「長ウマ跳び」は、一〇人ぐらいであそぶとおもしろかった。心棒《しんぼう》ひとりにウマ四人となり、前の子どもの股《また》の間に首をつっこんでウマを連結した。乗る組の子どもは、跳躍《ちょうやく》力《りょく》などから飛ぶ順番を決めて、助走をつけてウマに飛び乗った。ウマがつぶれると「おっつぶれ」といってウマの組の負けとなり、もう一度初めからウマに乗ることができた。ひとりの子どもの上にみんなで乗って、潰《つぶ》す作戦もあった。潰されないために、ウマの下に弱い子どもを入れて、ウマを二重にする「アンコ」もあった。

また、勢いよく飛べずに最後尾のウマの上ばかりに乗ると、あとから乗る子どもが上手く乗れず、ずり落ちるように落馬すると「おっこち」となってやはり負けとなった。だから、足の長い子どもをウマの最後にもってくるという作戦もあった。

全員が乗ったところで最後に乗った子どもと心棒の子どもがじゃんけんをして、ウマの組が勝てば交代となった。負ければもう一度ウマだ。ウマが続き、そのつらさに泣き出す子どももいた。

雨の日だって遊べる。

10章

軒先

ここで言う「軒先《のきさき》」とは、家を一歩出たところ、つまり家の前という意味である。広く言えば、軒先は路地だったり道だったりするわけだが、空間的には家の軒の範囲《はんい》に入るところだ。子どもたちは、結構《けっこう》その「軒先」であそんでいた。軒先につるされた洗濯物《せんたくもの》の下や、入り口の階段のところに座り込んでよくあそんでいた。団地では、出入り口の庇《ひさし》に登ってあそんだりすることもあった。

家の前であそぶのだから一番安心してあそべたし、雨が降ってきても濡《ぬ》れる心配がなかった。日が照って暑ければ家のなかに逃げ込むこともできた。ここでは、どちらかというと比較的《ひかくてき》幼い子どもたちがあそんでいた。

ここであそぶと家から細々としたあそび道具を持ち出すことも面倒《めんどう》ではないので、ママゴトあそびをするのに都合《つごう》がよかったのだ。公園でママゴトあそびをしているといたずら坊主《ぼうず》にからかわれたりすることがあるが、ここなら大丈夫だ。

木製電柱の「バー狸《たぬき》」の広告や軒先《のきさき》の洗濯物の柄《がら》と三人の子どもの姿を見比べて、「子ダヌキみたいでかわいいね」と、通りがかりの女子高生たちがささやきあった。

軒先のあそび場としては理想的だ。ゆったりとした広さがあるし、コンクリートでできていて、少し道路より高くなっている。これなら、水に濡《ぬ》れる心配もないからござも敷ける。奥まった真ん中でワンピースの裾《すそ》をたくし上げ、三輪車に座っている女の子といい、周りに脱いである草履《ぞうり》といい、そして背景《はいけい》といい、カードあそびの場としては少々できすぎているほどだ。

軒先《のきさき》の加工場では、苦労して集めたサケブタ（王冠《おうかん》）を金槌《かなづち》と金切り鋏《ばさみ》を使って加工中である。こうして、簡単にはひっくり返されないサケブタをつくる。集めたものを手も加えずそのまま使うなどは、初心者のすることだ。

軒先の教室では先生はとても熱心だが、生徒は少しばかり嫌気《いやけ》が差しているようだ。だいぶ授業が続いたので、ござの上にも日が当たるようになってきた。そんなことにはお構いなしに、踏《ふ》み台の机の上で先生はまた新しい問題をつくっている。

家中のバケツと金ダライ、そして樽《たる》まで持ち出して並べた。辺りが水浸しになっているところを見ると、涼しいこの楽しみがどうしたらもっとおもしろくなるか、あれこれやってみたにちがいない。熱心な研究者と助手は、突然、蛇口《じゃぐち》が閉められるまでこの実験を続けるだろう。

ついさっきまで軒先《のきさき》でカードあそびをしていたのだけれど、日が差し込んで暑くなったので玄関にござごと移動した。ここなら土間《どま》もひんやりしているし、裏口から吹き抜けてくる風も涼しい。

出会ったときには、すでにふたりはブロック塀《べい》の上にいた。ふたりがどのようなルートから塀の上に登ったのかを考えてみることにした。塀の上に鉄筋《てっきん》がつきでているが、それに手が届くとは思えない。右手前にハシゴが見えるが、塀までは距離がありすぎる。竿《さお》かけも同じだ。どうやら、ふたりだけが知っている秘密のルートがあるらしい。

ここは安全地帯だ。手持ちのカードをていねいに調べている。どのような財産《ざいさん》をもっているかは秘密にしておきたいので、落ち着いてゆっくりと調べられるここを選んだ。出入り口は踊《おど》り場の窓だけだから、手の内を急に見られてしまうことはないだろう。

オマエモナカマダ。

11章

子どもたちの狭間

夏の蒸し暑い日に、新橋駅前から月島方面へのバスに乗って子どもの気配のするところで下車しようと思っていた。バスが湊一丁目の停留所に止まったとき、目の前の公園で子どもたちが群れて遊んでいるのを見つけて飛び降りた。それが、鉄砲州《てっぽうず》の子どもたちとの出会いだった。この界隈はかつて「鉄砲州」と言われ、現在も鉄砲州稲荷神社がその名をとどめている。下町の人情が息づいているところで、八百屋、魚屋などがあり、何度か通ううちに自転車屋の一家と親しくなった。

そこの子どものケンちゃんが、隅田川の堤防《ていぼう》と倉庫や工場の裏手に挟《はさ》まれたところにある仲間だけの遊び場へ連れていってくれた。その狭間《はざま》は、中央区湊一丁目付近にあった。そこは、川側からは堤防の影になっているし、町側からはこれもまた建物の影になっていて見通せない場所だった。そして、いろいろなものが捨てられていて、誰がつくったのか知れない手づくりのサンドバッグなどがつり下げられていた。ケンちゃんの仲間たちにとっては、どれもがあそびの材料や舞台として大いに役立つものばかりだった。

この界隈《かいわい》もいまでは高層マンションが建ち並び、自転車屋さんが住んでいた一画は取り壊《こわ》されて駐車場となり、すっかり様変《さまが》わりしてしまった。子どもたちの「狭間」は、きれいに整備されて玉砂利《たまじゃり》が敷《し》き詰《つ》められていた。

5

敵を発見。数が少ないので大丈夫。相手の動きをゆっくりと見てから動こう。

電線が巻《ま》いてあった大きな木製の芯《しん》が基地だ。この芯の下に段差《だんさ》があって、なかに潜《もぐ》り込めるようになっている。急ごしらえだが、拾ってきた板で「弾丸」が当たらないように囲った。ここから出撃《しゅつげき》して、相手が攻撃してきたら素早くここへ待避《たいひ》することになっている。

この弾丸は使ってはいけないことになっていたが、ときには密《ひそ》かに用意されることがあった。

係留《けいりゅう》されている艀《はしけ》の上から一発お見舞《みま》い。

「戦いごっこ」に備えてというわけではないが、ときどき大人がここへ来てひと汗流していくので、真似てみた。

ボクサーになったつもりで、サンドバックもパンチしてみた。

子どもたちは、その狭間《はざま》で犬と子猫を飼っていた。子犬も生まれたようで、堤防《ていぼう》の「伝言板」を読むとそのことがよく分かる。子猫も二匹飼っているようで、子猫たちは、子どもの流儀《りゅうぎ》でかわいがられている。

早く子猫に小屋をつくってやりたいので、材料は「狭間」に捨てられている板切れから使えそうなものを拾ってきた。だから、長さも厚さもバラバラでネコ小屋をつくるには子どもの力だけでは難しかった。そこで、ケンちゃんのお父さんに助けてもらうことになった。お父さんは道具を持っているし、腕前《うでまえ》も確かだ。早速《さっそく》、お店の前で手伝ってくれた。

夕方になると、その子猫たちや犬の晩ごはんを魚屋さんにもらいに行くといつもお兄さんがアラをたくさん分けてくれるので、とても助かっている。

長谷川いまから11月ご(11月30日)
少年ライダーたい
長谷川
長谷川
長谷川。小犬を2匹いただく
11月30日

家からこぼさないように、ミルクを持ってきてあげた。

子猫の体操、一、二、三。

犬、猫のえさ、たのみの綱《つな》は魚屋のお兄さん。

お父さんの助けで子猫の小屋づくり。

そろそろ日が沈《しず》む。

12章

町の駐車場

町のあちこちにできはじめた駐車場は、格好《かっこう》のあそび場だった。しかし、そこは車が止めてある空き地のようなところで、表向きには勝手に入ってはいけないことになっていたが、それはゆるやかなものだった。せっかくのあそび場を前にして、黙《だま》って指をくわえているような子どもたちではなかった。車の陰は隠《かく》れ場所になったし、平らな地面は何をするにしても好都合《こうつごう》。廃車《はいしゃ》が置かれていたりすると、子どもたちはそれを目ざとく見つけてたちまちあそびの舞台にしてしまった。公園などでは、大ぴらにできないようなあそびもしていた。

N
（蒲田）

ついさっきまで、この子どもがどこにもぐり込んでいたのかすぐわかる。子どもは、穴があるともぐり込みたくなる。この子どもにとっては、ボンネットのなかはもぐり込みたくなる穴と同じこと。なかからしばらく辺りの様子をうかがっていたが、見慣《みな》れない人が写真を撮っているのでとりあえず顔を出してみた。

廃車《はいしゃ》に乗り込んで運転手気分も上々だ。車内にいる仲間は、いまは眼中《がんちゅう》にない。高速道路を最高スピードで運転中だ。前方をしっかりと見据《みす》えてハンドルを切りながら、エンジンの音も大声で出している。カーブにさしかかると身体を傾けなければならない。

運転手はやたらと興奮《こうふん》しているが、助手席にいる二人はそんなことには無関心。パラパラと漫画本をめくっているし、後ろの席では寝そべってひと休みをしている。

ペットボトルに水を入れて屋根に上がったのは、フロントガラスに水を流したらどうなるかという実験のためだ。そこで、ゴミ捨て場でペットボトルを手に入れて公園の水道を利用する。手順はすべて心得《こころえ》ている。実験開始だ。

道路であそんでいるときはいつもクラクションを鳴らされる。だから、動かなくなった車の屋根に登れるだけでもいい気分なのだが、屋根から屋根へと飛び移ると屋根のへこむ音がしてもっといい気分となる。

五本の指にはゴムひもで結ばれたボンボン（水風船）が下がっている。普通は中指に一個下げてあそぶものだ。それが、なぜ五個も下がっているのか。地面との間が十分なこの場所に座り、これから一度に五個ぶら下げて上下させたらどうなるかをやってみようというわけだ。

タンクローリー車の上は、なんといっても見晴らしがいい。登るにはおあつらえ向きのハシゴまでついている。今日は駐車場に独楽《こま》を回しに来たのだが、あきてしまったのでタンクの上でひと休み。タンクの鉄板も温まっていていい工合いだ。

車の姿は見あたらないが、もし段ボールのなかに子どもがいることを知らなかったらと考えると怖くなる場面である。そんなことにはお構《かま》いなしに、段ボールの住人はこの工夫に満足している。しばらく見ていると、ヤドカリのように隠《かく》れ家を引きずってどこかへ行ってしまった。

誘い合わせて駐車場に独楽《こま》を回しに来た。下が砂利なので、普通の独楽回しはできない。ところが、こんなところでも遊べる独楽回しの技がある。それは「空中手乗っけ」だ。回した独楽を手のひらで受け止める難しい技で、子どもたちはできるまで何度も何度も繰《く》り返しやってみた。

駐車場の片隅《かたすみ》で2B弾（爆竹《ばくちく》）に火が付けられた。２Ｂ弾は火を付けてからしばらくは白い煙を出して、そのあとに大きな音を立て破裂《はれつ》する。相手に投げつけるときは、このタイミングをうまく計らないと効果的ではない。早く投げつけてしまうと相手に拾われて投げ返されるのがオチだった。かといって、ギリギリまで待ちすぎると、もっとひどい目にあうことになる。これは最悪だ。いま投げようとしている子どもは、どうやら2B弾の使い手らしいことが様子からわかる。

飛行機を飛ばしに来た。この飛行機は、手投げでも飛ばすことができるが、実はロケットで飛ばすこともできるのだ。公園では飛ばせないわけがあった。結構高く、遠くまで飛ぶので障害物《しょうがいぶつ》があっては困る。さらに、ロケットの点火にはマッチを擦《す》らなければならない。公園では厳禁《げんきん》の「火いたずら」と見なされる。そこで、飛行実験の適地として駐車場が選ばれた。

廃車のボンネットでひと休み。

独りぼっちになることもある。
こんなときには車でも頼りたくなる。

13章

デパート

デパートのオモチャ売り場は、子どもたちのあそび場にもなっていた。子どもたちは「お客様」で、売り物の最新のオモチャを使ってあそんでも、とくに文句《もんく》を言われることはなかった。もちろん、子どもたちも心得ていて、展示品であそぶだけで、封《ふう》を切って箱から出したりするような行儀《ぎょうぎ》の悪いことはしなかった。なかには、商品を試《ため》しに使ってもらうために売り場に特設のあそび場までつくっているデパートもあった。そうなると、子どもたちはそこで何の気兼《きがね》ねなしにあそぶことができた。

デパートには、オモチャ売り場のほかにもあそべるところがあちこちにあった。夏は涼しいし、夏休みの子どもたちをターゲットにした催《もよお》し物などもあり、「お客様」にとって結構《けっこう》楽しめるところだった。

デパートの催し物会場に虎の剥製《はくせい》が展示されていた。この女の子はとても知りたがり屋で、虎の口のなかがどうなっているのかを調べている。剥製といっても迫力十分なので、怖《こわ》そうに横目で見て通りすぎる子どももいるなかで虎もこの子にあっては形無《かたな》しだ。

子どもだけであそびに来て、棚《たな》に置かれている展示品《てんじひん》を手馴《てな》れた様子で見て回ったり、興味があるものを見つけると早速それであそんでいた。町のオモチャ屋では買わないのに触ったりすると叱られるが、デパートではまったくそんな心配がなかった。初めから買うつもりはなくても、好きなだけあそぶことができた。

遠くからでも見えるようにはやりの人形が四段に飾られ、どれもが欲しくなるように展示されている。人形を買うと、次はそれに着せる洋服や下着、家具、家までほしくなるという仕掛《しか》けである。女の子たちの人形に対する思い入れはいよいよ高まるばかりだ。

オモチャ売り場にネットが張られ、「プラバット」（プラスチック製のバッド）で試《ため》し打ちができるようになっている。子どもたちにとっては、デパートのなかに無料のバッティングセンターができたようなものだ。

ウルトラマンの全盛時代で、ヘドロから生まれた「ヘドラ」など、時代を象徴《しょうちょう》する怪獣《かいじゅう》が登場していた。子どもたちの間では次々と登場する怪獣についての情報が交換され、知らないと肩身《かたみ》の狭い思いがした。デパートでは、ゆっくりと立ち読みができた。そこで、怪獣の研究にデパートへ出掛けた。

かつて夏の子どもの楽しみといえばセミ取り、トンボ取りと決まっていた。また、雑木《ぞうき》林《ばやし》があるところではクワガタやカブトムシをとってあそんだ。ところが、年々環境《かんきょう》が悪化し、こうした虫たちが死に絶えていった。とはいえ、この時代の子どもたちの心のなかにはかつての「夏の子どもの楽しみＤＮＡ」が生きていて、そうした昆虫への憧《あこが》れをまだ強くもっていた。なんとかカブトムシがほしいという子どもたちの願いは、お金で買うことによってかなえられることになった。買ってもらったカブトムシに糸を結びつけて、公園の木に止まらせてあそぶ姿がよく見られた。カブトムシは自らとるものではなく、お金で買うペットとなってしまった。

こうした子どもたちの求めにこたえて、夏休みになると、屋上に金網を張った大きなケージをつくって昆虫を取らせるデパートも現れた。新聞で取り上げられたこともあって、たくさんの子どもたちが列をつくることになった。入場は無料でも、持って帰る昆虫にはお金を払うことになっていた。

帰りがけのお楽しみ。

14章

駄菓子屋

どの町にも駄菓子屋《だがしや》があった。そこでは、子どもの小遣いで買える駄菓子やオモチャなどを売っていた。その品揃えはなかなかのもので、五円、一〇円で買えるようなものが、色とりどりに並んでいた。定番のラムネ菓子、せんべい、あめ、カステラ、サイダーなどのほか、メンコ、コマ、バッジ、カードなどさまざまなものがあった。なかには、子ども用のパチンコ台が店先に置いてあって、子どもたちがパチンコに興じていた。

川崎大師の近くに、おばあさんが細々と営んでいる駄菓子屋があった。そこでは、お好み焼きや焼きそばもあって、子どもたちがおやつを自分たちでつくって食べていた。何度か通ううちにおばあさんや子どもたちとも顔なじみになって、ときにはお好み焼き仲間に入れてもらったりした。おなかが落ち着くと、子どもたちは帰っていった。

このおばあさんの駄菓子屋は、いまはもうない。

四人でおばあさんの駄菓子屋にお好み焼きを食べに来た。ちょっと「お荷物」が重かったけど、もうひと息だ。

マコク
ラビットチョコ

「おばあさんの駄菓子屋《だがしや》」に来るとたいがいは、買うか買わないかは別にして、店にあるものをひと通り見ていじったりする。いじりすぎると、おばあさんがひと言だけ叱る。入ってくるなり、ふたつしかないメニュー（お好み焼きと焼きそば）からどちらかを注文する子どももいる。もちろん、前金での注文だ。すると、白い割烹着《かっぽうぎ》を着たおばあさんが手際よく食材を用意し、鉄板の前に座っている子どものところに持ってくる。おばあさんがかがんで火を付けると、慣れた手つきで焼きはじめた。おばあさんも別に口出しするでもなく、お愛想《あいそう》を言うでもない。店の隅に座って子どもたちがすることをだまって見守っていた。年の上の子どもが下の子どもの面倒《めんどう》をちゃんと見ていたからそれで収まっていた。子どもたちは、焼きながらひとしきりおしゃべりだ。

小さな子どももパチンコをやらせてもらっている。きっと、大きな子どもがしているのを見ていて前からしてみたかったにちがいない。やっと願いがかなって、いよいよレバーを離す瞬間《しゅんかん》だ。玉の動きをしっかり見ようと、視線がパチンコ台に釘《くぎ》づけになった。

駄菓子屋《だがしや》の店先は、子どもたちのショッピングセンターや遊び場を兼ねた情報交換場《こうかんば》であった。パンや菓子類なども置いてあったので大人も利用していた。飲み物の宣伝《せんでん》や映画の予告、郵便局からのお知らせまで貼り出してあって雑然としていたが、駄菓子屋は辺りに住む子どもたちの暮《く》らしのなかにあった。

ここでちょっとひと休み。

15章

川

この時代の東京の川は下水のように汚れていた。工場排水《はいすい》が流れ込み、中性洗剤《ちゅうせいせんざい》が多量に含まれた家庭排水も流れ込んでいた。多摩川の汚染《おせん》もひどいもので、堰《せき》では中性洗剤の泡《あわ》が雪のように舞っていた。岸には、小魚の死骸《しがい》が打ち上げられて悪臭《あくしゅう》を放っていた。丸子多摩川の堰から取水する東京都水道局の田園調布浄水場は、あまりの水質の悪化に上水道の配水ができなくなるほどだった。上流の二子玉川では、見た目は丸子多摩川ほどではなかったが異臭《いしゅう》がしていた。とくに、合流する野川の汚染がひどかった。多摩川でもこの有様だったから、住宅地や工場地帯の川はそれこそ悪臭漂《ただよ》う下水となっていた。

しかし、子どもたちはそんな川へも網を持ってやって来た。二子玉川は、子どもたちにとってまたとない魚とりの場所だった。それというのも、多摩川と野川、そして隣り合わせの兵庫島の池という絶好《ぜっこう》の「漁場《ぎょば》」が隣接《りんせつ》してあり、一日中そこらをわたり歩いて魚をとって回ることができたからだった。

野川《のがわ》が多摩川に合流する地点だ。釣具店《つりぐてん》で売っている「四つ手網」は子どもにとってあこがれの網《あみ》だったが、これを使うためにはどうしても深さが急に変わる川に入らなければならなかった。また、この網を効率《こうりつ》よく使うためには、ふたりで組む必要があった。ひとりだと、網を上げるたびに岸に戻って獲物《えもの》を確かめたり、バケツに移さなければならないからだ。このふたりの呼吸はよく合っているようだ。

向こう岸のよどみに魚がいそうなので、四つ手網を仕掛《しか》けた。これを仕掛けるためには川をわたらなければならないはずだ。実は、ふたりは川原に捨てられていた発泡《はっぽう》スチロールの板を舟代わりにして四つ手網を仕掛けに行ったのだ。そして、こちらに戻ってきて、頃合《ころあ》いを見計らって網を上げに向かっているところだ。深いところで転覆《てんぷく》したら大変なので、うまくバランスをとりながら乗っている。

子どもたちは、どこに魚が隠《かく》れているのかよく知っていた。こうした壊《こわ》れた護岸《ごがん》の下などにはよく大物が潜んでいた。やたらに網《あみ》を入れて掻《か》き回したりするのは素人《しろうと》のすることだ。網はいざというときに直ぐ取れるようなところに置いて、コンクリート片の下をそっと、慎重《しんちょう》に魚がいないか素早く調べる。そのためには、獲物《えもの》を狙うクモのような格好《かっこう》になっても仕方がない。

誰が勇気があるかは明白だ。さわるなと言われても、ただシャツの端をつまむだけでもさわっていたくなる。川底は、プールの底と違ってどこで不意に深くなるか分からない。先頭の子どもは、それに備えて半ズボンをすでにまくり上げ、慎重《しんちょう》に歩みを進めているところを見ると、川歩きの経験を積んでいることがわかる。

丸子多摩川の取水堰《しゅすいせき》を流れ下るとき、川に流れ込んでいた中性洗剤が一斉《いっせい》に泡《あわ》だって、辺りを白い泡の川にしていた。子どもたちはこの川へも魚とりに来た。川岸には死んだ小魚が打ち上げられ、網《あみ》を入れても泡だらけになるだけで小魚などめったに入らなかった。そこで、お金を持ってきた子どもは、漁師から小魚を買ってバケツに入れて帰っていった。

護岸《ごがん》用に杭《くい》が打ち込まれ、下水のようになってしまっている。そこで子どもたちが釣り上げたのは、木の細枝が絡《から》まったものだ。魚などいるわけがないのだが、何かを川で釣り上げたいという思いから、子どもたちはこんなあそびを思い付いたのだろう。

川では自由に石が投げられた。ひとりでうさ晴らしに投げることもあったが、誰が一番遠くまで投げられるかと競争もした。そして、もうひとつ「水切り」という腕《うで》試《だめ》しがあった。石を川面《かわも》にうまい角度で投げると、石が水面でジャンプしながら飛んでいくのだ。うまくいくと四回も五回もジャンプを繰り返して対岸まで飛んでいった。投げ方の上手下手もあったが、どんな石を選ぶのか、それも肝心《かんじん》だった。この競争に勝つために子どもたちは、よく飛ぶ平らな小ぶりの石を河原で探した。

子どもの自家用車に野球の道具一式が乗っているところを見ると、野球の帰り道にここに立ち寄ってあそんでいるようだ。ここでは、サーキット場をつくって遊んでいる。川原の砂の上につくったサーキット場のジオラマといったものだ。ちゃんと小道具としてミニカーも用意してきている。ここは、好きなようにコースがつくれるので気に入った場所だ。

涼風《すずかぜ》が川面《かわも》をわたってきた。
日もすっかり西に傾いた。

16章

池

池はとても魅力的《みりょくてき》なあそび場だった。何といっても、池には魚やザリガニ、ヤゴなどがいた。だが、ひとくちに池といってもさまざまで、自然のままに近い池から、土地の造成《ぞうせい》によって埋め立てられて、いつもあそんでいた池がわずかに残されているところであったり、工事で掘られた穴に水がたまったものなどいろいろだった。

なかには、急に深くなったり、底なし沼のようなところもあり、池は一方では危険なあそび場だった。だから、池の周りにはバラ線が張られているところもあったが、子どもたちはそれをくぐってあそびに行った。

世田谷区二子玉川にあった兵庫島《ひょうごじま》の池は自然のままだった。そこがよくて、大井町のほうから電車に乗って、「四つ手網」持参《じさん》で来る子どもたちもいた。

兵庫島の池では、フナ釣り目当ての釣り人も糸を垂れていたが、子どもたちもちゃんと釣りの邪魔《じゃま》にならないような「漁場《ぎょば》」を確保《かくほ》していた。

池に入っているうちにパンツが濡《ぬ》れ、なかまで泥が入ってしまった。気持ちが悪いのでズボンを下ろしてみたものの、こればかりは脱ぐわけにもいかず困っている。ボートの親子が見ていることが分かったら、もっと困ることになるだろう。日差しが強い、夏の午後のことだった。

ついにシャツまで濡れてしまった。その成り行きとして、魚とりが水遊びになった。ひと遊びしたあとでお兄さんにシャツを脱がしてもらった。干しておけば、帰りまでには乾くだろう。

今日は豊漁《ほうぎょ》だった。ズボンを脱いでパンツ一枚になって池に入ったのがよかった。

日がだいぶ傾いてきた。「今度こそ」にはきりがない。帰り支度をしに行く子どもの足下に金色の光の輪が広がっていく。

大田区鵜木《うのき》の先にあった池だ。釣り人も子どももいて、休日にはとても賑《にぎ》わっていた。ボートはなかったが、二子玉川の兵庫島《ひょうごじま》の池と同じように自然のたたずまいを残した池だった。こうした池では、自然の懐《ふところ》の広さなのだろう、釣り人も子どもたちもともに楽しめた。

子どもたちにとって、大切な遊び場の池が埋め立てられていった。それでも、子どもたちはわずかに残された池にあそびに来た。魚はいなくても、ザリガニやヤゴなどはまだそこでもとれたからだ。子どものあそびのなかでも魚とりは、トンボとりやセミとりと同じように、そこの経験と技術がいるあそびだった。誰もがとれるわけではなく、腕前《うでまえ》の良し悪しによって結果が明らかにちがった。生き物を捕まえるおもしろさだけではなく、こうした腕前の違いが出ることも子どもたちを夢中にさせていた。いくら理屈《りくつ》を言ってもだめで、実地の経験を積むことによって腕前が上がったからだ。

たっぷり、あそんだ。急いで帰港。

17章

溝

小川でも池でもなく、ドブとも言えない水場を「溝《みぞ》」としておく。「溝」にもいろいろある。かつてメダカも泳いだろうと思われる痕跡《こんせき》を残している「溝」もあれば、下水路となってしまっている「溝」もあった。

子どもたちが「溝」に遊びに来る目的は、主にザリガニとりだった。ザリガニはしたたかで、池が埋め立てられて造成地の端にわずかに残った「溝」でも、台所の排水が流れ込むような「溝」でも、穴を掘って生きていた。網や籠《かご》などで穴を囲って、棒でつついて穴からザリガニを追い出してつかまえたり、スルメを糸に結びつけて穴の前に下げて釣り上げてあそんだ。こんな仕掛けができないときは、素手《すで》で穴に手を突っ込みつかまえることもあったが、なかの住人が大物だとハサミで挟《はさ》まれて痛い思いもした。

宅地開発《たくちかいはつ》が進み、かつては小川だったところが下水一歩手前の状況《じょうきょう》となった。子どもたちはザリガニ（マッカチン）とりに来ている。持ってきたのは、どこで手に入れたのかは分からないが大きなザルだ。これで、川底や岸辺の泥ごとしゃくるとザリガニが入ることがある。とはいえ、ハサミが大きく赤黒い胴体《どうたい》のヤツは滅多《めった》に入らなかった。

造成地の石垣が、容赦《ようしゃ》なく子どもたちのあそび場に侵入《しんにゅう》した。それでも子どもたちはあそびに来た。わずかに残された水場でザリガニを探している。

まだ、小川の姿を留《とど》めている。こうしたところには、カエルのほかにもいろいろな生き物がいて、子どもたちにとってはおもしろい場所だ。

小川が下水路となってしまった。子どもたちは、ザリガニとりなどはもうとっくにあきらめてしまった。何もとれないので、下水管から出てくる水であそんでいる。

線路際《ぎわ》の小川で子どもたちがよくザリガニをとっていた。かつてのザリガニとりのスポットは、コンクリートで固められて、いまは通過する電車の車輪を見るスポットに変わった。

実にうまい具合にはまり込んだものだ。鬼ごっこをしているふうでもないので、どうやら、入れそうな穴があったので取りあえず入ってみたようだ。あそびに使えるかどうか調べているのかも知れない。子どもというものは、どういうわけか穴に入るのが好きなようだ。

溝《みぞ》を見つけて、辺りを見回っていると思わぬところに子どもの姿を見つけた。ふたりで何か相談をしているようだ。わざわざこんなところをのぞく人もいないだろうから、ふたりだけの話をするにはもってこいだ。わずかに流れていた水も干上がってしまっているが、かつてはここで子どもたちがザリガニとりをしたにちがいない。

夢中であそんだ、あかし。

18章

土手と船だまり

多摩川の河口に小さな船だまりと土手があった。蒲田《かまた》駅から羽田空港行きのバスに乗って六間堀《ろっけんぼり》で下車して、首都高速道路横羽線の高架《こうか》に沿って南に行くと、この船だまりと土手に出る。この界隈《かいわい》は、かつては「羽田」と言われた漁師町だったが、空港の拡張《かくちょう》とともに漁業が難しくなり、町工場や民家がぎっしりと建ち並ぶ町となった。その町と多摩川（この辺りでは「六郷川《ろくごうがわ》」と呼ばれている）の間に古びたレンガとコンクリートでできた堤防があり、その先にもうひとつ土手があった。また、そのふたつの堤防の間に水門ばかり目立つ、沼のような舟だまりがあった。

多摩川では、毎年子どもが溺《おぼ》れる事故があり、子どもだけで川へ行くことは禁止されていた。それでも、子どもたちはここに通ってきた。この土手と船だまりは、子どもたちにとってかけがえのないあそび場だったからだ。

このあそび場も、もう少しであそべなくなる。土手の改修工事が迫《せま》ってきた。

鉄条網をもうひとつ越える。

工事現場が移ってきて、
立入禁止の鉄条網《てつじょうもう》が張られてしまった。

今日は工事が休みだ。ブルドーザーが小山のように土を積み上げているのをちゃんと見ていたので、早速あそびに来た。頂上に立ってみると町がよく見わたせる。いつもは見上げている橋も、今日は同じ高さに見える。持ってきたシートを尻に敷いて滑り降りてみようとしたが、あまりに急なので怖くなった。

急にできたこの小山にただ登るだけでもおもしろいが、それだけではつまらないのでロープを持ってきた。このロープを使って登ると、まるで登山家になった気分だ。冬につくったソリがあることを思い出して持ってきた。

川をつくろうということになった。川とセットのダムも拾ってきた板でつくった。早速、船だまりから水を汲《く》んできて流してみたが、本流はダムから外れて流れ下ってしまった。水がダムをめがけて勢いよく流れ込むように、流れを変える工事をする。これからが本番だ。

土手の上から、まるでジャンプ競技の選手みたいに思い切りジャンプして飛び降りる。着地点が斜面で、おまけに軟《やわ》らかい土なので、こんな格好《かっこう》で飛び出せる。

すでに工事のための杭《くい》が打たれているが、町の方角から忍者のように子どもたちが現れてトンネル工事が始まる。家からシャベルを持ち出してきて、モクモクと掘り進めている。堤防《ていぼう》に穴を開けるという大工事ができたのも、この場所が町から見るとちょうど土手の裏側で、めったに人が通らないからだろう。工事は二か所で行われている。

子どもたちにとって、穴は掘るもの、落っこちるもの。
その結果、お尻がはまって抜けなくなった。

なかが暗いので、天井に穴を開けてみた。

仕方がないので、マットレスやオート
バイのサドルを拾ってきて、とりあえず
穴をふさぐことにした。

だんだん明かりとりの穴が大きくなってしまった。

今日の「工事」はこれで終わりだ。
でも、明日もここであそべるかどうか
はわからない。

土手の手前にあるこの船だまりは、冒険の場になっていた。周りには廃材《はいざい》や家具などが捨てられていて、これらがあそびに大いに活用できた。

子どもたちは拾い集めたものを使って「舟」にした。白い大きな塊《かたまり》のような「舟」は、発泡《はっぽう》スチロールのブロックをそのまま使っている。浮力は抜群《ばつぐん》なのだが、重心が高くバランスを崩して転覆《てんぷく》したことがあった。股《また》をしっかり開いて座って、重心を下げて用心して漕《こ》いで冒険の船出をした。

捨てられていた台座《だいざ》をひっくり返してつくられた「箱船」だ。台座だけではひとりしか乗れない。板を周りに打ち付けて、船縁《ふなべり》を高くしてふたり乗りに改造した。これならふたり乗っても大丈夫《だいじょうぶ》だ。ただ、材料不足もあって、船縁に少し隙間《すきま》があるので揺《ゆ》らしたりすると水が漏《も》れる心配がある。北風が吹くなかで沈没《ちんぼつ》しないように、そっと漕《こ》ぐことにした。

木場の「角乗《かくの》り」を思い出させる風景である。板の上に立って乗れるとはたいした腕前《うでまえ》だ。背中合わせに乗っているので、前進も後退も自在だ。

ハシゴのように見えるものは、壊《こわ》れた桟《さん》橋《ばし》のようだ。とくに加工した様子はないが、大変に安定している。唯一《ゆいいつ》の欠点は、少々浮力《ふりょく》がたりなくて足首の辺りまで水が来ることだ。

冒険には思わぬ出来事がつきものだ。こんなときにこそ、「生活の知恵」を働かせることだ。もしものときに備えて用意してきたマッチ箱を取り出して、たき火で濡《ぬ》れたものを乾かすことにした。後ろにレンガの堤防《ていぼう》があるので、盛大《せいだい》に燃やしても大丈夫だ。

夕日のなかでひとり「箱船」に
乗って漕《こ》ぎ出した。

あとがき

思えば、まちのなかの空き地がなくなり、池は埋め立てられてマンションが建ち、路地にまで車が入り込み、子どもたちのあそび場が日に日に浸食《しんしょく》されていった一九七〇年代でした。しかし、この時代の子どもたちは、フェンスがあればそれを乗り越え、穴があれば潜り込み、そこにあるものをあそびの素材《そざい》として利用してしまう知恵とたくましさをもっていました。

その後、子どもたちは、塾通いなどであそび仲間とあそぶ時間も失っていきました。そこで、細切れの時間をテレビゲームが占領《せんりょう》し、子どもたちからだんだんとあそびのパワーが奪われていきました。実は、このパワーこそが人間としての根っこをたくましく育んでいたとするなら、この喪失《そうしつ》は子どもの発達にとって大きな問題であり、「子ども史」のなかではかつてないことでした。それは深刻《しんこく》さを増していき、その結果がもたらす悪循環がすでにはじまっています。

いま、小学校では低学年から授業が成り立たない状況が多くあることは周知の通りです。そこに、幼児期の育ちの問題が現れていると言っても過言ではないでしょう。なかでも、幼児期、児童期に仲間とあそびきっていないことが心身の発達に大きく影響していると思われるのです。

子どもたちのあそびのコミュニティは、学校教育のベースであったはずです。これがないところでの学校教育は、脆弱《ぜいじゃく》な基礎の上に家を建てるようなものです。逆に言えば、このベースを欠いたところでは学校教育はうまく機能しないのではないでしょうか。あそびが子どもの発達にとって不可欠なものだとすれば、その素地《そじ》なしに初等教育は成り立ち得ないからです。こうしたのっぴきならない事態を日本の幼児教育、初等教育の大きな問題としてとらえ、具体的な解決策を考えていかなければ事態はますます深刻なものになるに違いありません。

ひとつの解決策として、「もうひとつの学校」が子どもたちの発達のなかで果たしていた役割を再評価し、それを子どもたちの発達にとって不可欠のものとして位置づけることです。しかし、現在においては、町のなかにかつてのような「もうひとつの学校」を復活させることは不可能でしょう。それどころか、いまや町のなかで子どもだけであそぶことすら危険な時代でもあります。公園などの一角に「子どもの解放区」をつくる努力がすでに全国で行われていますが、さらに一歩も二歩もすすめて、どの子どもの日常のなかにもこうした子どものあそび場を提供したいものです。

このひとつの試みとして、東京都調布市にある私立桐朋小学校には子どもたちが「しぜんひろば」と名付けたあそび場があります。一九九九年の秋、草が茂り、木登りができ、小さな池と人工の小川がある広場が校地の一角に誕生しました。

広場には、以前からあったモミジ、クルミのほかに調布市や東京都からもらったコナラ、クヌギ、トチ、シイ、ヤマボウシなどが植えられています。池では、水草の根についてきた卵から孵ったと思われるメダカが群れをなして泳ぎ、しだいにミズスマシ、ヤゴ、カエルといった生き物が見られるようになりました。この池は小鳥たちの水場ともなり、カルガモがつがいで来るようにもなりました。

子どもたちは、放課後にこの「しぜんひろば」でモミジの大木に登ったり、基地をつくったり、穴を掘ったりと、本書で訪ねた「もうひとつの学校」の子どもたちと同じようなあそびをはじめました。その結果、外あそびとしては砂場やアスレチック、グランドでのサッカーや野球にかぎられていたものが、「しぜんひろば」での多様なあそびが可能となり、校内のあちこちで、子どもたちが思い思いのあそびをして過ごすことができるようになりました。

このように、校庭のいろいろな場所に子どもが自由にあそびを展開できるような「場」をつくることがまずは必要ではないでしょうか。学校の塀《へい》を逆利用して子どもたちの解放区をつくり、かつてのような空き地を主体としたあそび場を校内につくるのです。どの小学校にも、地域の環境を生かして、こうした「もうひとつの学校」を実現させることは可能なはずです。

そうすれば、学区に少なくてもひとつのあそび場が誕生します。そこには、お仕着せの遊具などはいっさい置かず、子どものあそび心を刺激するような素材が無造作《むぞうさ》に置いてあればいいのです。それらを使って基地をつくったり、穴掘りをしたり、水あそびをしたりする自由があればいいのです。何と言っても、子どもたちがこうしたところで「あそびきる」ことが重要です。中途半端にではなく、子どもが心ゆくまであそびきることで、将来、自らの力で人生を生きていくための根っこが育まれていくはずです。

平日は少なくとも午後四時までは学校であそべるようにして、土曜日、日曜日は、地域の大人もいっしょになって子どもたちとあそび、伝承的な「あそびのＤＮＡ」を復活させるのです。とくに、「あそびのＤＮＡ」を豊かにもった団塊《だんかい》の世代が大いに活躍できる場にもなることでしょう。こうした支援を続けていくことによって、やがて子どもから子どもへと「あそびのＤＮＡ」が受け継がれるようになるはずです。そして、これは「もうひとつの学校」を起点とした新たな地域コミュニティづくりにつながっていくはずです。そして、それは地域社会の再生にもつながり、新たな私たちの活力を生みだす源になるにちがいありません。

先日、都内の公園でナナフシを手に持っている子どもと出会いました。ナナフシが生息していたことも驚きでしたが、あの少々不気味《ぶきみ》な枯れ枝のような擬態《ぎたい》でいるナナフシを見つけて、つかまえることのできる子どもがまだいたことに心が動かされました。この子どもは、きっと幼児期に虫を捕るあそびをしてきたはずです。見ていると、しばらくあそんでから枯れ枝のあるところに放して、「あっ、見えなくなった」とナナフシの擬態《ぎたい》の見事さに感心していました。久しぶりに出会った「もうひとつの学校」の子どもでした。私は、ファインダーでその子どもを追いながら、「まだまだ希望がもてるぞ」と、その思いを強くしました。

最後になりましたが、株式会社新評論の武市一幸氏には本書の企画の段階からお世話になりました。心より感謝を申し上げます。

二〇〇六年　八月

宮原洋一

著者紹介

宮原　洋一（みやはら・よういち）

1941年生まれ。

私立桐朋学園初等部に37年間勤務して初等教育に携わり、現在フリーの写真家。その間、町のなかの子どもたちを撮り続け、『教育の森』誌（毎日新聞社）に巻頭グラビアを連載するなど新聞、雑誌などに発表。また、フジフォトサロン、東京都児童会館などで個展を開く。

著書に写真集『子供の風景』（串田孫一氏共著）、『子どもを原点とする教育』（桐朋学園初等部ブックレット）があり、2006年９月より『エデュカーレ』誌（臨床育児保育研究会）で「街が園舎・あおぞらえんの子どもたち」を連載。

もうひとつの学校 ―ここに子どもの声がする―　（検印廃止）

2006年10月25日　初版第１刷発行

写真・文　宮原洋一
発行者　武市一幸
発行所　株式会社 新評論

〒169-0051　東京都新宿区西早稲田 3-16-28
http://www.shinhyoron.co.jp
電話　03（3202）7391
FAX　03（3202）5832
振替・00160-1-113487

定価はカバーに表示してあります。

落丁・乱丁はお取り替えします。

印刷　フォレスト
装丁　山田英春
製本　桂川製本

Printed in Japan
ISBN 4-7948-0713-9 C0037

新評論　好評既刊

中野 光・行田稔彦・田村真広 編著

あっ！こんな教育もあるんだ

学びの道を拓く総合学習

四六並製　302頁　2310円　ISBN4-7948-0704-X

2002年の「新学習指導要領」完全実施以来，
全国で豊かに蓄積されてきた，子どもたちの生活現実に
根ざした創造的な学びの実践と理論。

丸木政臣・中野 光・斎藤 孝 編著

ともにつくる総合学習

学校・地域・生活を変える

四六並製　272頁　2310円　ISBN4-7948-0532-2

子どもたちの学習要求に応える真の学びとは。
生活教育の研究運動を主体的に担ってきた
メンバーたちによる，実践・理論的問いかけ。

日本子どもを守る会 編／中村 博・中野 光・堀尾輝久 監修

花には太陽を　子どもには平和を

子どもを守る運動の５０年

A5並製　350頁　3360円　ISBN4-7948-0561-6

未来をつくる主体であり，
希望を創出する存在である子どもを守り育む運動の歴史。
「日本子どもを守る会」結成50周年記念出版。

＊表示価格は消費税（5%）込みの定価です